Diccionario escolar enfocado

Estudios Sociales

Grado K

DEG

San Antonio, Texas

Staff

Jorge Díaz
Contenidos

Alba Sánchez
Directora Editorial

Producción

Luis Díaz
Director de Diseño

Alejandro Flores
Director de Producción

Elida Lara
Formación

Arte

Ivanova Martínez
Carolina Berte
Mónica Pérez
Maya García
Julieta Gutiérrez
Irla Granillo
Sara Palacios
Mauricio Gómez
Ilustradores

Dalia Alvarado
Ilustración de Portada

Printed in the United States of America

ISBN 1-932554-11-4

6 5 4 3 2 1   03 04 05 06 07

Contenido

Querido amigo:

En el *Diccionario escolar enfocado* para Estudios Sociales Kinder, padres y maestros encontrarán una herramienta para ayudar a los niños a familiarizarse con el uso de las palabras de su entorno social. Ponemos en sus manos la oportunidad de estimular la curiosidad de los pequeños para relacionar las palabras que escuchan a diario con la manera correcta de escribirlas y la imagen de lo que significan.

El *Diccionario escolar enfocado* para Estudios Sociales Kinder es como un cofre del tesoro lleno de ilustraciones y palabras que ayudarán a los pequeños a relacionar sucesos importantes, personajes relevantes y valores cívicos que empiezan a formar parte de su vida en una comunidad.

Los niños, sus papás y sus maestros son personajes importantes en la exploración de los valores cívicos con los cuales se rige, desde este momento, su vida en una comunidad. Disfruten juntos esta herramienta invaluable que es el *Diccionario escolar enfocado* para Estudios Sociales Kinder que Diaz Educational Group pone en sus manos.

Los Editores

Cómo usar este diccionario

El *Diccionario escolar enfocado* para Estudios Sociales Kinder está organizado en seis temas: Mi escuela, Mi comunidad, Trabajo, La Tierra y sus recursos, Mi comunidad, y El Mundo. Esto con el fin de agrupar por temas las palabras y términos con los cuales los pequeños empiezan a relacionarse con su entorno social.

Coloridas imágenes muestran los elementos y palabras claves dentro del contexto de cada tema. De esta forma, los niños de kinder pueden hacer una asociación de palabras, imágenes y conceptos con mucha mayor facilidad y precisión.

Al final de este diccionario se ofrece un índice ordenado alfabéticamente en español, al cual padres y maestros pueden recurrir para buscar la palabra o palabras con las cuales desean trabajar con los niños.

Este diccionario termina con un índice ordenado alfabéticamente en inglés, que es una referencia rápida para padres y maestros, así como para aquellas personas que están aprendiendo el idioma español.

Ilustraciones
Coloridas imágenes representan lo que significa la palabra.

Palabra
La palabra como se escribe en español.

calendario
calendar

compañero
classmate

bloques
blocks

3

Inglés
La palabra como se escribe en inglés.

Mi escuela

2

autobús	bandera	escuela	regla
school bus	flag	school	rule

calendario
calendar

compañero
classmate

bloques
blocks

3

4   grupo   maestra   libro
        group   teacher   book

mapa   país   **5**
map   country

Mi comunidad

SCHOOL

8

vecindario	calle	avenida	edificio	vecino
neighborhood	street	avenue	building	neighbor

PARADA DE AUTOBÚS

NO NADAR

TIRAR LA BASURA EN SU LUGAR

NO ESTACIONARSE

| mapa | símbolo | clave del mapa |
| map | symbol | map key |

9

10

regla
rule

líder
leader

continente
continent

estado
state

11

Trabajo

14   ahorrar   gastar
saving   spend

necesidades   deseos   **15**
needs   wants

16 bienes   servicios
       goods   services

voluntario
volunteer

transporte
transportation

17

La Tierra y sus recursos

19

20 clima   soleado   lluvioso   nublado
weather   sunny   rainy   cloudy

tierra	montaña	loma	llanura	**21**
land	mountain	hill	plain	

22
océano
ocean

lago
lake

río
river

en peligro de extinción
endangered

Nuestro país

25

26 libertad   día festivo
liberty   holiday

presidente   capital
president   capital

28   ciudadano   votar

       citizen   vote

héroe
hero

El mundo

FERIA CIENTÍFICA

31

mercado
market

comunicar
communicate

34 invento
inventor
invention
inventor

mundo
world

Índice Español / Inglés

El siguiente índice es una referencia rápida para que padres de familia y maestros busquen la palabra o términos con los cuales desean trabajar con los niños en la asociación de términos e imágenes relacionados con Estudios Sociales.

Index

Index English / Spanish

El siguiente índice es una referencia rápida para padres y maestros que están más familiarizados con el idioma inglés y que, por tanto, requieren la traducción al español para referirse a la página donde se encuentra la palabra que quieren investigar.